LA EDAD DE ORO

Cuba THE GOLDEN AGE

27 Canciones Cubanas Clásicas de los 1930s - 1950s

27 Cuban Classics from the 1930s - 1950s

Contents

6	A TODA CUBA LE GUSTA
3	ALMENDRA
12	AQUELLOS OJOS VERDES
17	BABALÚ
22	BILONGO
29	CONTIGO EN LA DISTANCIA
32	DOS GARDENIAS
37	ÉCHALE SALSITÁ
42	FRANCISCO GUAYABAL
46	INOLVIDABLE
50	LA ENGAÑADORA
58	LA SOPA EN BOTELLA
55	LA ÚLTIMA NOCHE
64	LOS TAMALITOS DE OLGA
72	MALAGUEÑA
84	MAMBO #5
88	MARACAIBO ORIENTAL
90	MARÍA CRISTINA
79	MURMULLO
94	NOSOTROS
106	QUIZÁS, QUIZÁS, QUIZÁS
108	SIEMPRE EN MI CORAZÓN
97	SOCIAL CLUB BUENA VISTA
112	SON DE LA LOMA
117	TRES PALABRAS
126	TÚ, MI DELIRIO
120	¿Y TÚ QUÉ HAS HECHO?

ISBN 978-0-634-02195-4

HAL•LEONARD®
CORPORATION
7777 W. BLUEMOUND RD. P.O. BOX 13819 MILWAUKEE, WI 53213

Visit Hal Leonard Online at
www.halleonard.com

LA EDAD DE ORO **Cuba** THE GOLDEN AGE

Estar en Cuba durante las décadas de los años 1930s, '40s y '50s, o específicamente, en La Habana—era igual a estar en el centro real de todo. La Habana era el lugar de los acontecimientos. La Habana era la Ciudad de París del Caribe. La exótica La Habana y su embriagante vida nocturna era verdaderamente legendaria, con el resplandeciente y excitante sabor y la rienda suelta dentro de sus casinos, clubes y salones.

Además, La Habana contaba con su música. Una música bailable, romántica y a su vez indicativa del verdadero corazón del pueblo cubano. Más que ninguna otra forma de arte, la música ha tenido una gran influencia en el pueblo de Cuba. Se dice que los cubanos nacen cantado; que cuando hablan, cantan; y que ellos, simplemente al caminar, ¡bailan!

De las habaneras y danzones rítmicos, los mambos irresistibles y los boleros llenos de sentimiento, a los cha-cha-chas—el primero compuesto por Enrique Jorrín ("La Engañadora") en 1950—la música integra a la gente cubana y es esencia de su identidad.

Cuba ha producido compositores tan legendarios como Isolina Carrilo, quién empezó a escribir música en 1935 y tiene la distinción de ser una de las mejores boleristas de todos los tiempos. Su canción clásica "Dos Gardenias," le ganó premios internacionales y mucho respeto.

La extraordinaria lista de compositores cubanos célebres continúa con artistas conocidos mundialmente como César Portilla de la Luz ("Contigo en la Distancia," "Tú, mi Delirio"), Ignacio Piñeiro ("Échale Salsitá"), Wilfrido (Pío) Leiva ("Francisco Guayabal"), Senén Suárez ("La Sopa en Botella"), Antonia Fernández ("María Cristina"), Electo Rosell ("Murmullo") y Pérez Prado.

Pérez Prado, quién escribió el verdadero Primer Mambo en 1952, fue todo un suceso en su nativa Cuba y también en los grandes éxitos musicales latinoamericanos. Con muchos éxitos, incluyendo "Cherry Pink and Apple Blossom White" que alcanzó el Número 1 en el Hit Parade de los 40 títulos más importantes y se mantuvo por 10 semanas, el "Rey del Mambo" convirtió a la música cubana en la corriente principal de su tiempo. En este punto cabe mencionar, que su clásico "Mambo #5" se hizo un éxito internacional nuevamente en 1999 interpretado por Lou Bega.

Además la música cubana tuvo en Beny Moré al gran intérprete y compositor, llamado "El Bárbaro del Ritmo." El inmortal Moré, quién carecía de instrucción formal, generó y revivió increíblemente la música tradicional cubana, influyendo como nadie lo ha hecho en la música de Cuba y del Caribe.

La música de Cuba es un maravilloso y duradero legado para su gente y merece la prestigiosa posición de influencia en el mundo de la música que mantiene hasta nuestros días.

To be in Cuba in the 1930s, '40s and '50s, or specifically, in Havana, was to be in the real center of it all. Havana was the happening place. It was Paris west. Havana's exotic and intoxicating nightlife was truly legendary, with the dazzling, unbridled excitement of its casinos, clubs and salons.

Then, there was the music. It's about dance and romance and is indicative of the true heart of a nation's people. More than any other art form, music has had the greatest influence on the Cuban people. It is said that Cubans are born singing, that they sing when speaking, and that they don't simply walk, they dance.

From the rhythmic Habaneras and danzons, the irresistible mambos and soulful bolero ballads, to the cha-cha-chas, first composed by Enrique Jorrín ("La Engañadora") in 1950, music is integral to the Cuban people and essential to their identity.

Cuba wrought such legendary composers as Isolina Carrillo, who first began composing in 1935 and is regarded as one of the finest bolero songwriters ever. Her classic, "Dos Gardenias," won her international accolades and respect.

The extraordinary roster of celebrated Cuban composers continues with a host of world-renown artists, including César Portillo de la Luz ("Contigo en la distancia", "Tú, mi Delirio") Ignacio Piñeiro ("Échale Salsitá"), Wilfrido (Pío) Leiva ("Francisco Guayabal"), Senén Suárez ("La Sopa en Botella"), Antonio Fernández ("María Cristina"), Electo Rosell ("Murmullo") and Pérez Prado.

Pérez Prado, who wrote the very first mambo in 1952, found great success in his native Cuba and on the American charts as well. With a string of hits, including "Cherry Pink and Apple Blossom White," which reached #1 in the Top 40 charts and held the spot for ten weeks, the "Mambo King" had written Cuban music a place in the mainstream. Proving this point, his classic "Mambo #5" became an international hit once again in 1999, courtesy of Lou Bega.

Then there was the great Beny Moré, "El Bárbaro del Ritmo." The immortal Moré, who lacked any formal training, sparked an incredible revival of the traditional Cuban music, and no one has had more of an influence on the music of Cuba and the Caribbean.

Cuba's music is a marvelous lasting testament to its people and deserves the prestigious position of influence in world music it maintains today.

ALMENDRA

Words and Music by
ABELARDO VALDÉS

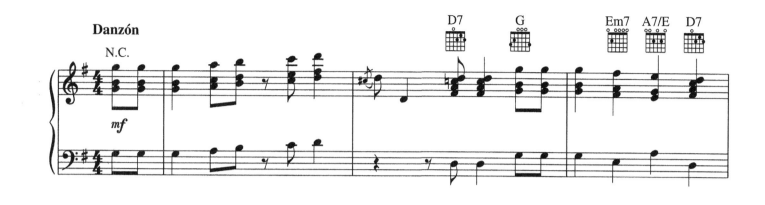

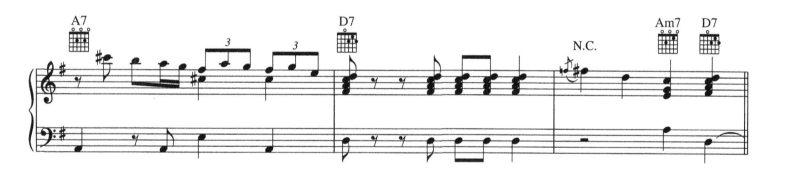

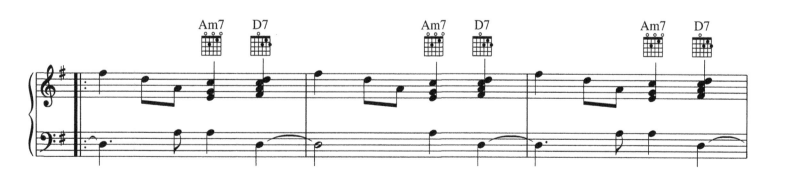

A TODA CUBA LE GUSTA

Words and Music by REMBERTO BECKER
and ANTONIO MARIA ROMEU

cha - chas el ri - co y sa - bro - so son, que me

di - ces de un dan - zón de u - na rum - bi - ta ca - lien - te ___

___ un gua - te - que a - llá en o - rien - te de e - sa

ca - li - en - te re - gi - ón. A - lli va mi in -

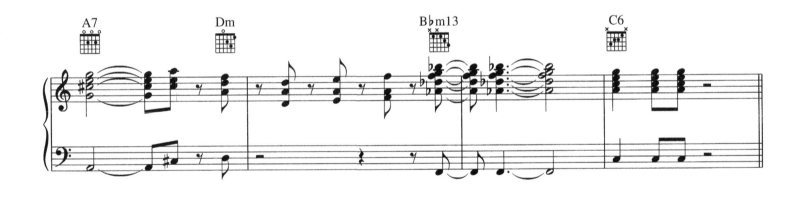

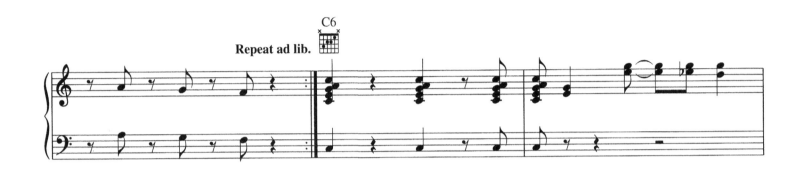

AQUELLOS OJOS VERDES
(Green Eyes)

Music by NILO MENENDEZ
Spanish Words by ADOLFO UTRERA
English Words by E. RIVERA and E. WOODS

Life held no charm, dear, un- til I met you. _____
Fue - ron tus o - jos los que me die - rón _____

BABALÚ

Words and Music by
MARGARITA LECUONA

Em

lú.

Am6

Jun - gle drums were mad - ly beat - ing, ___ in the glare of ee - rie
Ta em - pe - san - do lo ve - lo - rio, ___ que le bu - ce - mo a Ba - ba -

Em6   **Am**   **Em6**

lights ___ while the na - tives kept re - peat - ing ___
lú ___ da - me diez y sie - te ve - las ___

D   **Em6**

an - cient jun - gle rites: ___ All at once the dusk - y
pa po - ner - le en cruz. ___ Da - me un ca - bo de ta -

BILONGO

Words and Music by
GUILLERMO RODRIGUEZ FIFFÉ

Es - toy tan e - na - mo - rao'

bú qui - ri - bú man - din - ga.

CONTIGO EN LA DISTANCIA

Words and Music by
CÉSAR PORTILLO DE LA LUZ

Moderate Bolero

No ex-is-te un mo-men-to del di-a en que pue-da ol-vi-dar-me de ti. El mun-do pa-re-ce dis-tin-to cuan-do no es-tás jun-to a-mi. No hay be-lla me-lo-

DOS GARDENIAS

Words and Music by
ISOLINA CARILLO

Moderate Bolero

Dos gar - de - nias __ pa - ra tí Con e - llas quie - ro de -
cir: Te quie - ro, te a - do - ro, mi __
__ vi - da __ Pon - le to - da tu a - ten - ción Por - que son tu co -

ÉCHALE SALSITÁ

Words and Music by
IGNACIO PIÑEIRO

Sa- lí de

FRANCISCO GUAYABAL

Words and Music by
WILFRIDO (PÍO) LEIVA

Son Montuno

Fran - cis - co Guay - a -

bal.   Fran - cis - co Guay - a - bal.   Mu - je - res de

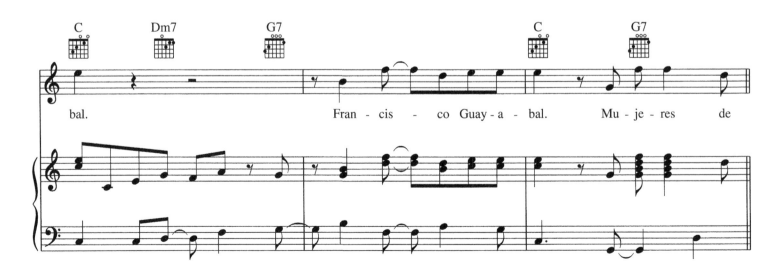

INOLVIDABLE

Words and Music by
JULIO GUTIERREZ

LA ENGAÑADORA

Words and Music by
ENRIQUE JORRÍN

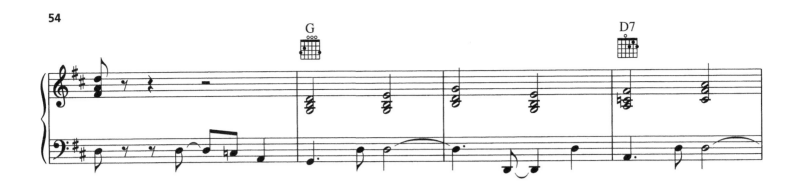

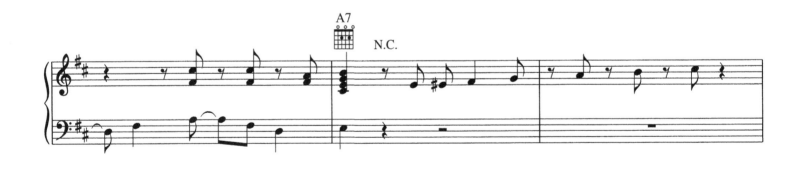

LA ÚLTIMA NOCHE

Words and Music by
ROBERTO (BOBBY) COLLAZO

LA SOPA EN BOTELLA

Words and Music by
SENÉN SUÁREZ

O - ye mi so - cio ___ no es tie -
Mi - ra mu - cha - cho ___ tie -

LOS TAMALITOS DE OLGA

Words and Music by
JOSÉ FAJARDO

Olga la ___ ta-ma-le-ra, co-ci-na que ___ se pa-só

MALAGUEÑA
from the Spanish Suite ANDALUCIA

Music and Spanish Lyric by
ERNESTO LECUONA
English Lyric by MARIAN BANKS

Tra - la - ra - la - ra, tra - la - ra - la - ra, tra - la - ra - la - ra - la - ra - la - ra - la - rá! Ah _____ Ah _____ Ah _____ Ah _____ Ah _____

Moderato

Tra - la - ra - la - ra - la, tra - la - ra - la - rá, tra - la - ra - la - rá - la - rá - la - rá - la -

rá!

Ah _____ Ah ____ Ah ___ Ah _____

loco

sempre stacc.

Vivace

MURMULLO

Words and Music by
ELECTO ROSELL

Hay _____ un sua-ve mur-mu-llo _____

Piano solo

MAMBO #5

Words and Music by
DÁMASO PÉREZ PRADO

Moderately

Si Si Si yo qui-ero Mam - bo!

MARACAIBO ORIENTAL

Words and Music by
JOSE A. CASTAÑEDA

MARÍA CRISTINA

Words and Music by
ANTONIO FERNÁNDEZ

NOSOTROS

Words and Music by
PEDRO JUNCO, JR.

SOCIAL CLUB BUENA VISTA

Words and Music by
ISRAEL LOPEZ

QUIZÁS, QUIZÁS, QUIZÁS
(Perhaps, Perhaps, Perhaps)

Music and Spanish Words by
OSVALDO FARRES
English Words by JOE DAVIS

col 8

SIEMPRE EN MI CORAZÓN
(Always in My Heart)
from ALWAYS IN MY HEART

Music and Spanish Words by ERNESTO LECUONA
English Words by KIM GANNON

SON DE LA LOMA

Words and Music by
MIGUEL MATAMOROS

Son Montuno

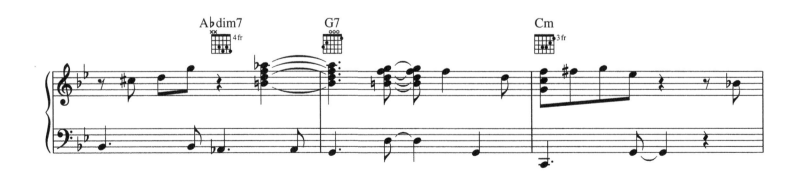

ma - má e - llos can - tan el ___ lla - no. Ma má e - llos son ___

___ de la ___ lo - ma, ___ ma - má e - llos can - tan el ___ lla - no. ___

Son, son, son ___ de la lo - ma,

son.   son.

TRES PALABRAS
(Without You)

Original Words and Music by OSVALDO FARRES
English Words by RAY GILBERT

¿Y TÚ QUÉ HAS HECHO?

Words and Music by
EUSEBIO DELFIN

En el tron - co ___ de un ár - bol ___ u - na

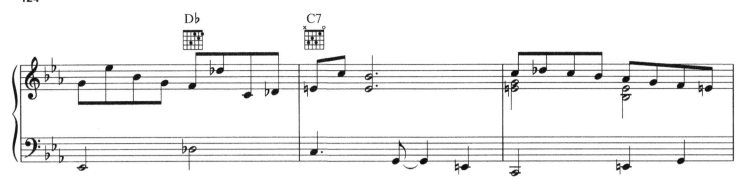

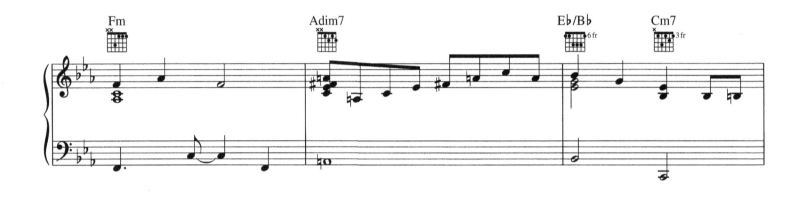

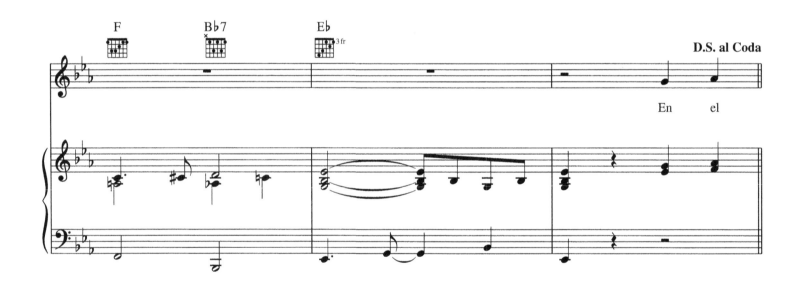

TÚ, MI DELIRIO

Words and Music by
CÉSAR PORTILLO DE LA LUZ